PUSTEBLUME

Das Sachbuch · Arbeitsheft 4

Schroedel

PUSTEBLUME · Neubearbeitung

Das Sachbuch
Arbeitsheft
4. Schuljahr

Bearbeitet von

Georg Djuga, Horb
Christa Hiestand, Immendingen
Günter Hofmann, Auggen
Eberhard Kanzler, Böblingen
Beatrix Moser, Rielasingen
Cordula Rößler, Mannheim
Michael Schwarze, Freudenstadt

Karl Cramm
Margarete Fischer
Barbara Hardt
Wemy Horn-Hager
Margret Miosge
Tamara Neckermann
Dr. Rolf Pommerening
Angelika Rettinger
Jutta Ritter
Hans-Arno Steinbrecher
Waldemar Winkler

unter Mitarbeit der Verlagsredaktion

Illustrationen: Anne Ebert · Burkhard Kracke

Kartografie: Dr. Peter Güttler

Umschlag: Angelika Çıtak

ISBN 3-507-46751-8

© 2002 Schroedel Verlag GmbH, Hannover

Druck 5 4 3 2 1 / Jahr 2006 2005 2004 2003 2002

Alle Drucke der Serie A sind im Unterricht parallel verwendbar, da bis auf die Behebung von Druck-fehlern unverändert. Die letzte Zahl bezeichnet das Jahr dieses Druckes.

Satz: More*Media* GmbH, Dortmund
Druck: Oeding Druck und Verlag, Braunschweig

Inhaltsverzeichnis

Mit dem Fahrrad im Verkehr

1 Max will nach links abbiegen. Er hat zwei Möglichkeiten. Zeichne den direkten Weg rot, den anderen Weg grün in die entsprechende Zeichnung ein.

2 Schreibe auf, was Max in den Abschnitten ① bis ⑧ der Zeichnung A und in den Abschnitten ① bis ③ der Zeichnung B tun muss. Nimm dein Schulbuch Seite 6 und 7 dabei zu Hilfe.

3 Vergleiche die beiden Möglichkeiten des Linksabbiegens.

siehe Schulbuch Seite 6 und 7

A

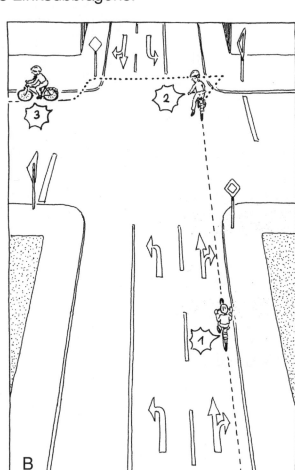

B

① ——————————

② ——————————

③ ——————————

④ ——————————

⑤ ——————————

⑥ ——————————

⑦ ——————————

⑧ ——————————

① ——————————

② ——————————

③ ——————————

Gefahren für Radfahrer . . . .

siehe Schulbuch Seite 8 und 9

1 Betrachte die Bilder genau. Welche Gefahren für einen Radfahrer können in diesen Situationen entstehen? Schreibe neben die Bilder.

_____

_____

_____

_____

_____

_____

_____

_____

_____

_____

_____

_____

_____

_____

2 Zeichne den gefährlichen Bereich des „toten Winkels" rot ein.

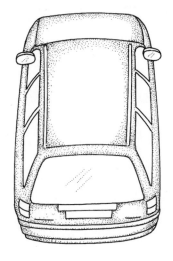

Verkehrsräume – Spielräume

siehe Schulbuch Seite 10 und 11

1 Schreibe unter die Schilder, was sie anzeigen.

2 Notiere, welche Vorteile die Zone-30-Regelung hat.

_____

_____

_____

3 Welche Vorfahrtsregel gilt in der Zone 30? Erkläre, weshalb.

_____

_____

_____

4 Informiert euch, ob es an eurem Ort Straßen gibt, die zur Zone 30 erklärt werden. Notiert die Straßennamen.

_____

_____

_____

Öffentlicher Nahverkehr

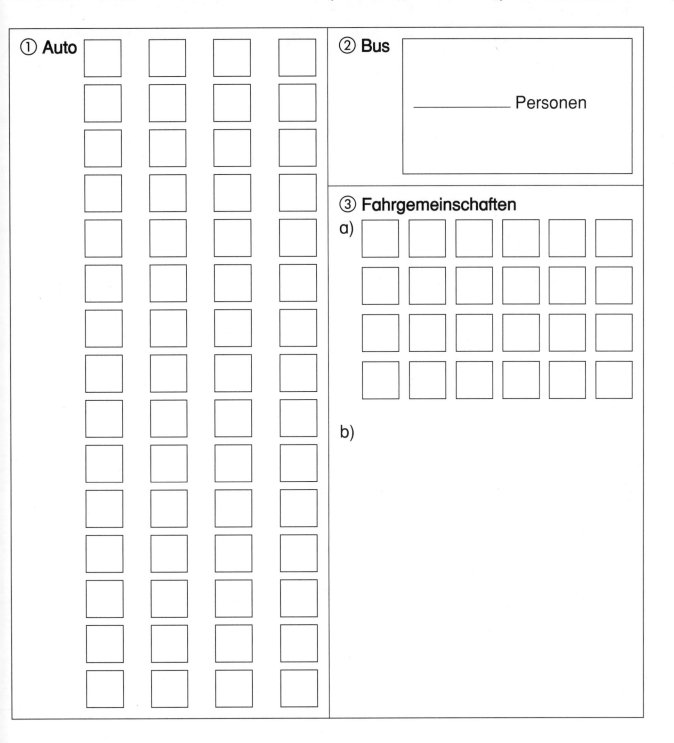

① Auto

② Bus

_____ Personen

③ Fahrgemeinschaften

a)

b)

1 Die Abbildung zeigt so viele Kästchen wie Autos im Schulbuch auf Seite 13 (unten links auf dem Foto) zu sehen sind. Nummeriere die Kästchen fortlaufend.

2 Schreibe die bei ① ermittelte Zahl (in jedem Auto sitzt nur eine Person) in den Bus (②), der alle Personen transportieren könnte.

3 In einem kleinen Ort fahren jeden Tag viele Personen allein mit ihrem Auto zur Arbeit. Nummeriere die Autos (③ a). Um die Umwelt zu schonen und Geld zu sparen, bilden sie Fahrgemeinschaften. Nun fahren sie immer zu viert. Rechne aus, wie viele Autos noch benötigt werden und zeichne sie unter ③ b ein.

Die Sonnenblume im Jahreslauf

1 Trage die Lösungswörter in die Textlücken ein:
befruchteten – Blätter – Blüten – Blüten – Blütenblätter – drei – Frühling – keimen – Korb – Pflanze – ruhen – Samen – Samen – Schale – schnell – Sonnenblumenkerne – Stängel – stirbt – vertrocknet.

siehe Schulbuch Seite 17

Die _____ der Sonnenblume keimen im

Frühling. Eine kleine _____ kommt

aus dem Boden. Sie wächst sehr _____.

Der hohle, behaarte _____ wird immer

dicker, die _____ werden größer.

Die Sonnenblume kann bis zu _____ Meter

hoch werden. Ihre _____ drehen sich zur

Sonne. Die _____blüte der Sonnenblume

besteht aus vielen kleinen _____.

Die äußeren haben gelbe _____.

Aus den _____ Blüten

entwickeln sich _____. Sie stecken

in einer harten _____. Wir nennen sie

_____. Wenn sie

im Herbst reif sind, fallen sie auf den Boden. Die

Pflanze _____ und _____.

Im Winter _____ die Samen in der Erde.

Im _____, wenn es warm wird,

beginnen die Samen zu _____.

8

Zugvögel

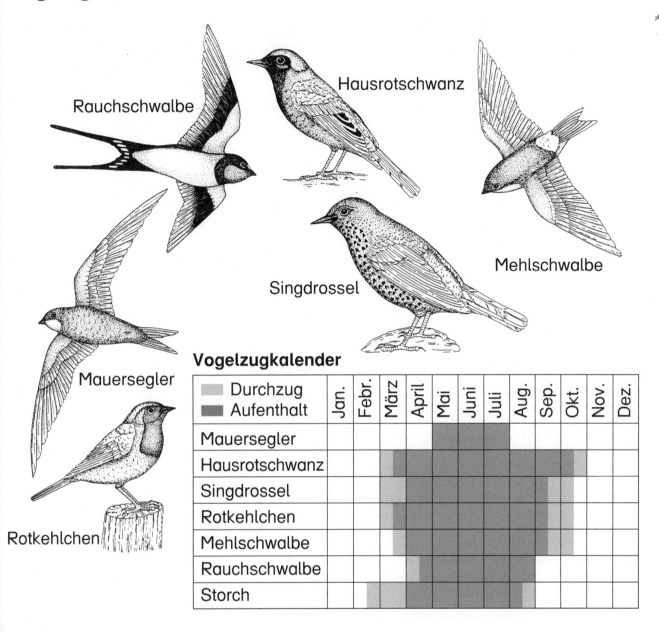

Rauchschwalbe · **Hausrotschwanz** · **Mehlschwalbe** · **Singdrossel** · **Mauersegler** · **Rotkehlchen**

siehe Schulbuch Seite 18 und 19

Vogelzugkalender

		Jan.	Febr.	März	April	Mai	Juni	Juli	Aug.	Sep.	Okt.	Nov.	Dez.
Durchzug (hell) / Aufenthalt (dunkel)													
Mauersegler						■	■	■	■				
Hausrotschwanz				■	■	■	■	■	■	■	■		
Singdrossel				■	■	■	■	■	■	■	■		
Rotkehlchen				■	■	■	■	■	■	■	■		
Mehlschwalbe					■	■	■	■	■	■	■		
Rauchschwalbe					■	■	■	■	■	■			
Storch			■	■	■	■	■	■	■	■			

Der Vogelzugkalender zeigt dir, wie lange bestimmte Singvögel bei uns bleiben oder wann sie bei uns durchziehen.

1 Schau in der Tabelle nach, welche Vogelart am längsten und am kürzesten bei uns bleibt. Schreibe die Vogelart, die Monate und die Aufenthaltsdauer auf.

_____

_____

2 Welche Vogelart kehrt als erste und welche als letzte im Frühjahr oder Sommer zu uns zurück? Notiere den Namen und den entsprechenden Monat.

_____

_____

Wie Tiere überwintern

Tiere überwintern auf unterschiedliche Weise.

1 Ordne die folgenden Begriffe den Tierarten richtig zu: **winteraktiv – Winterruhe – Winterschlaf – Winterstarre.**

2 Schreibe neben jede Form der Überwinterung die wichtigsten Merkmale.

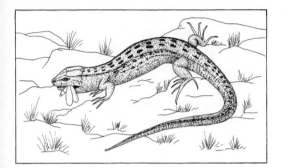

siehe Schulbuch Seite 20 bis 23

Feuer und Luft

Die drei Abbildungen zeigen drei verschiedene Versuche.

1 Überlege bei jedem Versuch, ob die Kerze weiterbrennt oder ausgehen wird. Ergänze den Text und die Abbildung so, dass das Versuchsergebnis zu sehen ist.

2 Versuche die Versuchsergebnisse zu begründen.

siehe Schulbuch Seite 27

Die Kerze steht frei.
Sie wird angezündet …

_____

_____

_____

Grund: _____

_____

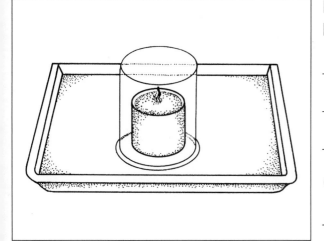

Ein kleines Glas wird über die brennende Kerze gestellt. Nach wenigen Minuten …

_____

_____

_____

Grund: _____

_____

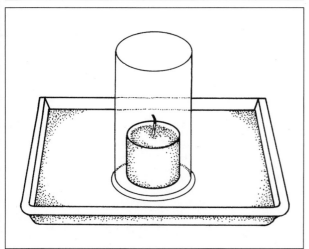

Ein großes Glas wird über die brennende Kerze gestellt. Nach …

_____

_____

_____

Grund: _____

_____

Feuer entfachen und löschen

1 Nummeriere folgende Aussagen in der richtigen Reihenfolge.

◯ Zeitungspapier anzünden   ◯ Grassoden ausstechen

◯ dünne Zweige aufschichten   ◯ Steine um die Feuerstelle legen

◯ dicke Äste aufschichten   ◯ Zeitungspapier zusammenknüllen

◯ den Boden säubern   ◯ Löschmittel bereitstellen

siehe Schulbuch Seite 28 und 29

2 Schreibe auf, welche Löschmittel es gibt. Womit kannst du einen Fettbrand löschen?

_____

_____

_____

_____

_____

3 Wenn du die Feuerwehr telefonisch alarmierst, musst du sechs Dinge beachten. Ergänze die Texte:

① _____ abnehmen

② _____ wählen

③ _____ ruft an?

④ _____ ist es geschehen?

⑤ _____ ist geschehen?

⑥ _____ , welche Hinweise die Feuerwehr gibt.

4 In der Fackelstraße 10 brennt ein Einfamilienhaus.
Übe zusammen mit einem anderen Kind, wie ihr den Brand telefonisch meldet.

Die Feuerwehr

1 Die Feuerwehr hat mehrere Aufgaben: **bergen, löschen, retten, schützen.**
Schreibe unter jedes Bild das richtige Wort.

siehe Schulbuch Seite 30 und 31

2 Von 12 Gegenständen gehören 8 Gegenstände zur persönlichen Ausrüstung von Feuerwehrleuten. Kreise die richtigen Gegenstände ein.

Lichtquellen früher und heute

1 Male die Bilder an und schneide sie aus.

2 Ordne sie in der richtigen Reihenfolge und klebe sie in dein Heft.

siehe Schulbuch Seite 32 und 33

Der elektrische Stromkreis ↝ ◀ ◢ ▶ ⋯ ◣ ◆ ◢ ⋯ ▶ ◢ ✳ ◢ ◢

1 Trage die Namen richtig ein:
Glaskolben – Glühdraht – Isolierplättchen – Kontaktplättchen – Schraubsockel – Zuleitungsdraht.

siehe Schulbuch Seite 38

2 Überlege, ob der elektrische Stromkreis geschlossen ist.
Male nur die Glühlampen gelb an, die leuchten können.

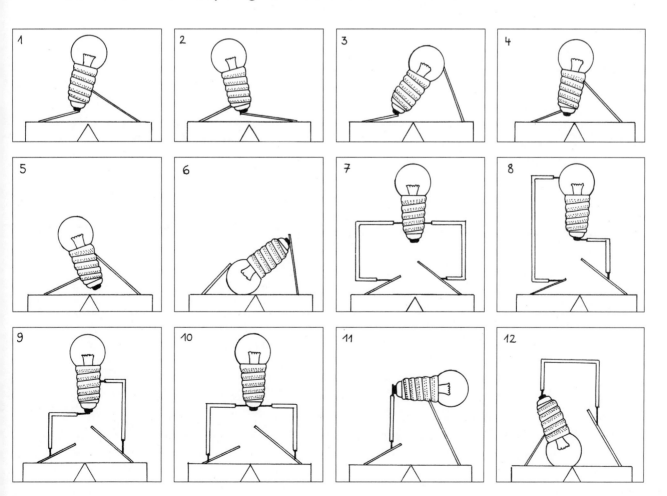

Strom im Haushalt

1 Male in dem Haus die elektrischen Geräte an.

siehe Schulbuch Seite 40 und 41

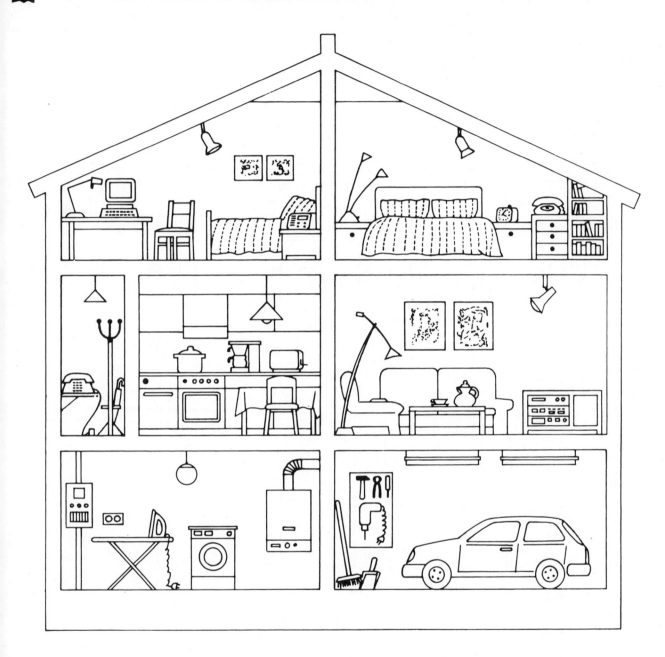

2 Bei manchen Geräten wird die elektrisch erzeugte Wärme genutzt. Diese Geräte benötigen besonders viel elektrische Energie. Zähle solche Geräte auf.

_____

_____

_____

_____

Erneuerbare Energien · · · · · · · · · · · · · · · ·

1 Trage in die Kästchen 1 bis 9 folgende Begriffe ein: **Braunkohle – Erdgas – Erdöl – Sonne – Sonne – Steinkohle – Uran – Wasser – Wind.**
Male oder schreibe in die Kästchen ⓐ bis ⓕ, wie elektrische Energie genutzt wird.

siehe Schulbuch Seite 42 und 43

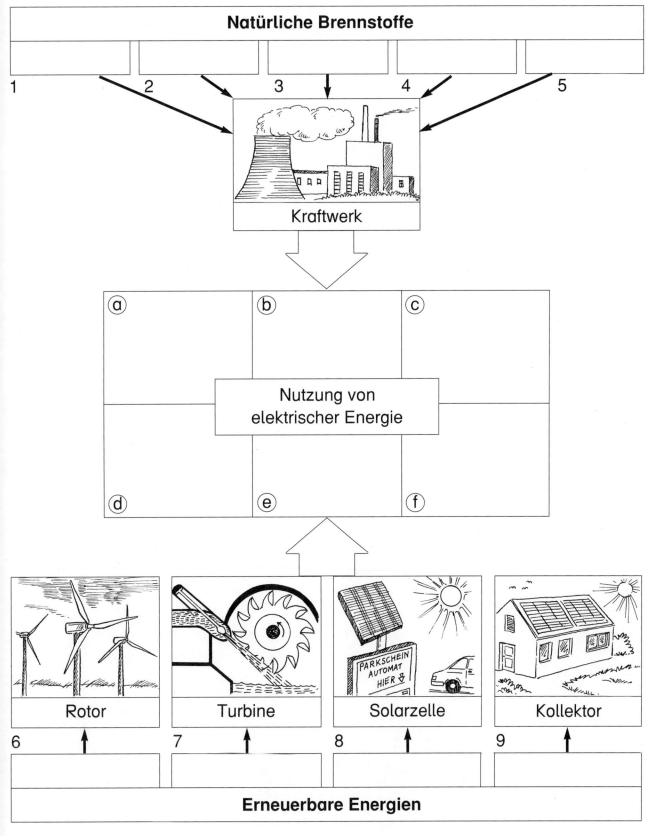

Natürliche Brennstoffe

1 2 3 4 5

Kraftwerk

ⓐ ⓑ ⓒ

Nutzung von elektrischer Energie

ⓓ ⓔ ⓕ

Rotor Turbine Solarzelle Kollektor

6 7 8 9

Erneuerbare Energien

Gefahren für die Gesundheit

1 Sieh die Abbildungen genau an. Schreibe zu jedem Bild deine Meinung!
Begründe!

siehe Schulbuch Seite 50 und 51

2 Schreibe die richtigen Begriffe in den „Teufelskreis".
Zeichne die Pfeilspitzen ein, die die Richtung des Teufelskreises angeben.

Auch Kinder können süchtig werden

Ein Kind kommt an einer Gruppe älterer Kinder vorbei. Sie rauchen Zigaretten.

siehe Schulbuch Seite 50 bis 53

1 Schreibe in die Sprechblasen, was das Kind antworten könnte.

2 Lest euch gegenseitig eure Antworten vor und vergleicht sie.

3 Spielt die Szene nach.

Mädchen und Jungen entwickeln sich

B

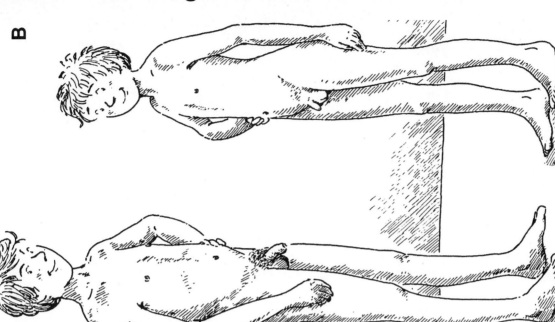

siehe Schulbuch Seite 56 und 57

Ein Junge wird zum Mann.

1 Ordne mit Strichen zu, was sich bei Mädchen und Jungen verändern wird.

① Um die Geschlechtsorgane wachsen Haare.

② Die Brüste werden größer.

③ In den Hoden bilden sich Samenzellen.

④ In den Achseln wachsen Haare.

⑤ Hoden und Glied wachsen.

⑥ Im Gesicht wächst ein Bart.

⑦ Jeden Monat reift eine Eizelle in den Eierstöcken.

⑧ Alle vier Wochen gibt es eine Regelblutung.

⑨ Die Stimme wird tiefer.

A

Ein Mädchen wird zur Frau.

„Nein" sagen

siehe Schulbuch Seite 60 und 61

1 Schau dir die Bilder genau an. Hast du schon ähnliche Erlebnisse gehabt?

2 Schreibe auf, wie du dich in diesen Situationen verhalten würdest.

Wir lassen Pflanzen keimen

1 Schreibe die richtigen Begriffe auf die Linien:
Keimblatt – Keimstängel – Keimwurzel – Laubblätter – Samen – Schale.

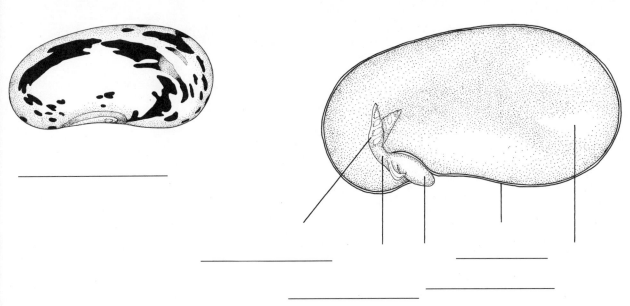

siehe Schulbuch Seite 62 und 63

2 Lies den Text und trage folgende Wörter richtig ein:
feuchte – Keimblätter – Keimstängel – Keimstängel – Keimwurzel – Laubblättern – Licht – Nährstoffe – Pflänzchen – quillt – Samenschale.

Unter der braunroten Schale der Feuerbohne liegen die beiden

_____. Zwischen den Keimblättern befindet sich ein

vollständiges kleines _____ mit einer _____,

einem _____ und ersten _____.

Steckt man ihn in _____ Erde, _____ er auf und die

_____ platzt.

Die Keimwurzel wächst senkrecht in den Boden und der

_____ schiebt sich mit den Laubblättern durch die

Erde nach oben.

Durch das _____ werden die Stängel und Blätter grün.

Die Keimblätter enthalten _____ , welche die kleine

Pflanze während der Keimung ernähren.

Wie sich Pflanzen vermehren und verbreiten

1 Schreibe die Namen der Pflanzen unter die Abbildungen:
Haselnuss – Klette – Löwenzahn – Springkraut.

2 Trage bei den Früchten und Samen ein, wie sie verbreitet werden:
Tiere – Wind – die Pflanze selbst.

siehe Schulbuch Seite 64 und 65

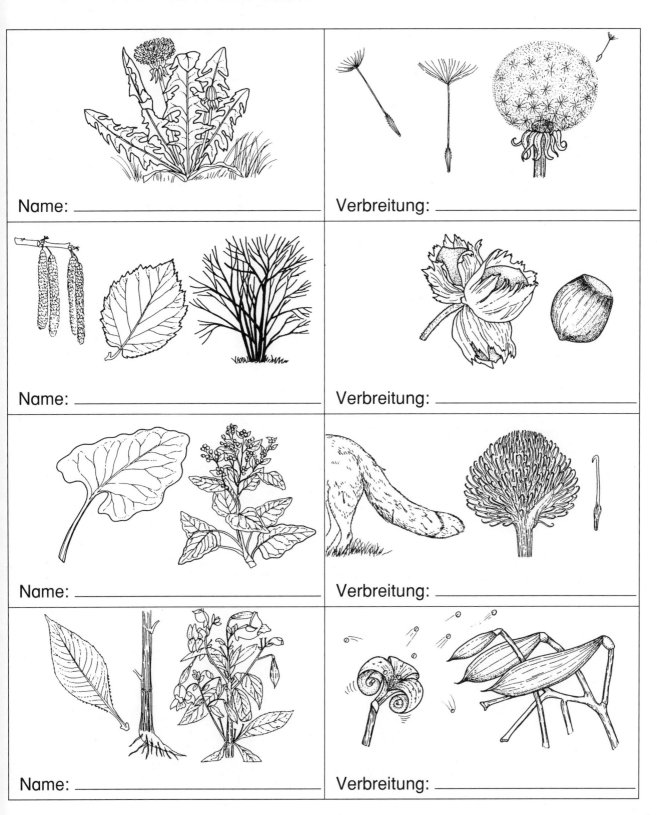

Name: _____   Verbreitung: _____

Name: _____   Verbreitung: _____

Name: _____   Verbreitung: _____

Name: _____   Verbreitung: _____

Wie eine Zeitung entsteht (1)

1 Schneide die Abbildungen aus. Ordne sie auf Seite 25 in das Schema ein.

2 Überprüfe mit Hilfe des Schulbuches, ob die Anordnung richtig ist.
Klebe die Bilder auf.

3 Beschreibe mit Hilfe des fertigen Schaubildes, wie eine Zeitung entsteht.

siehe Schulbuch Seite 66 und 67

(Die Buchstaben geben nicht die Reihenfolge an.)

Wie eine Zeitung entsteht (2)

Das Schaubild zeigt, wie eine Zeitung entsteht und zu den Lesern kommt.

siehe Schulbuch Seite 66 und 67

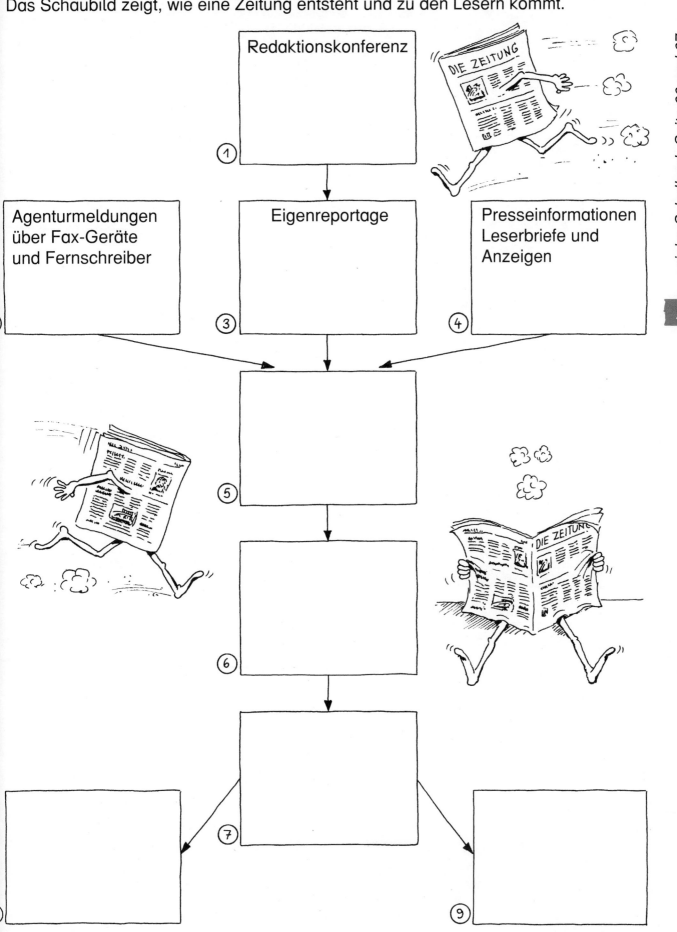

Redaktionskonferenz
①

Agenturmeldungen über Fax-Geräte und Fernschreiber
③

Eigenreportage
⑤

Presseinformationen Leserbriefe und Anzeigen
④

⑤

⑥

⑦

⑨

Überall Werbung

1 Schau dir das Bild genau an. Besprecht zu zweit oder in der Gruppe, wo ihr auf dem Bild Werbung entdeckt habt.

2 Male auf dem Bild alles, was zur Werbung gehört, mit auffallenden Farben an.

siehe Schulbuch Seite 76 und 77

Verschiedene Maßstäbe

siehe Schulbuch Seite 80 und 81

1 Die abgebildeten Gegenstände sind verkleinert dargestellt.
Finde heraus, wie lang sie in der Wirklichkeit sind.

1:50

Das Fahrrad ist in der

Wirklichkeit _____ lang.

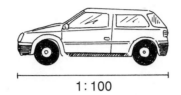

1:100

Das Auto ist in der

Wirklichkeit _____ lang.

1:10

Das Buch ist in der

Wirklichkeit _____ lang.

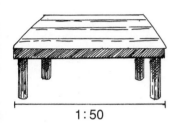

1:50

Der Tisch ist in der

Wirklichkeit _____ lang.

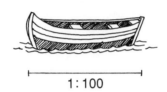

1:100

Das Boot ist in der

Wirklichkeit _____ lang.

1:10

Das Foto ist in der

Wirklichkeit _____ lang.

2 Miss die Länge und Breite der Möbel mit dem Lineal.
Trage deine Messergebnisse in die Tabelle ein. Rechne nun aus, wie lang
und breit sie in der Wirklichkeit sind. Trage deine Ergebnisse ein.

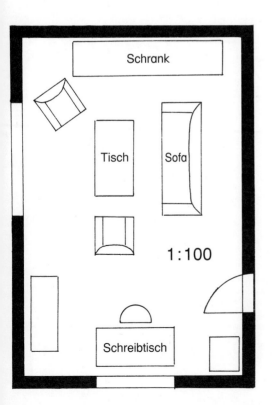

1:100

Möbel	Länge		Breite	
	Zeichnung	in Wirklichkeit	Zeichnung	in Wirklichkeit
Tisch	cm	cm	cm	cm
Sofa	cm	cm	cm	cm
Schreibtisch	cm	cm	cm	cm
Schrank	cm	cm	cm	cm

Der Weg zum Piratenschatz

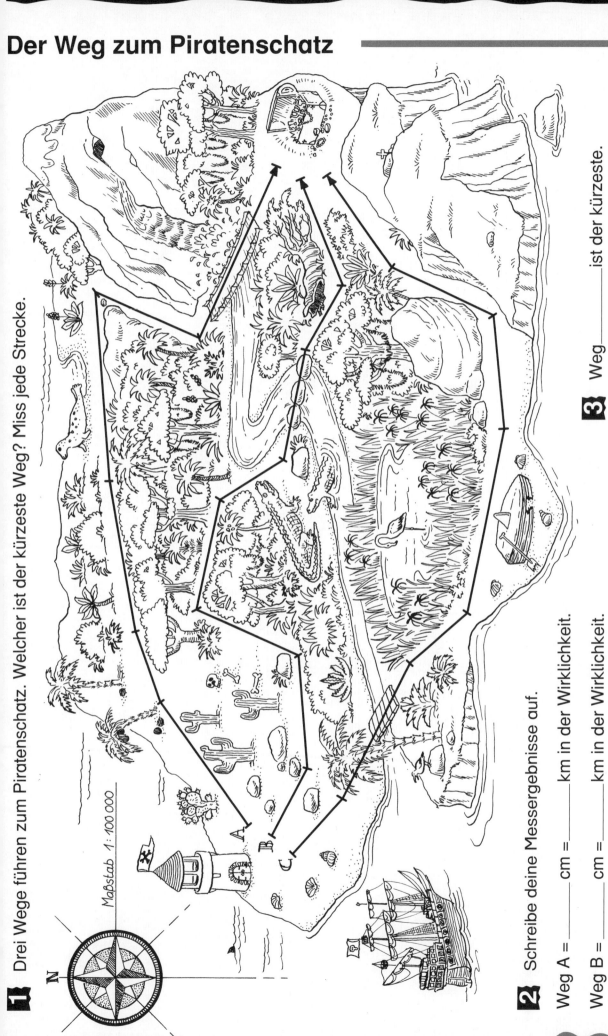

1 Drei Wege führen zum Piratenschatz. Welcher ist der kürzeste Weg? Miss jede Strecke.

Maßstab 1:100 000

2 Schreibe deine Messergebnisse auf.

Weg A = _____ cm = _____ km in der Wirklichkeit.

Weg B = _____ cm = _____ km in der Wirklichkeit.

Weg C = _____ cm = _____ km in der Wirklichkeit.

3 Weg _____ ist der kürzeste.

siehe Schulbuch Seite 80 und 81

28

Wir lesen Höhenschichten

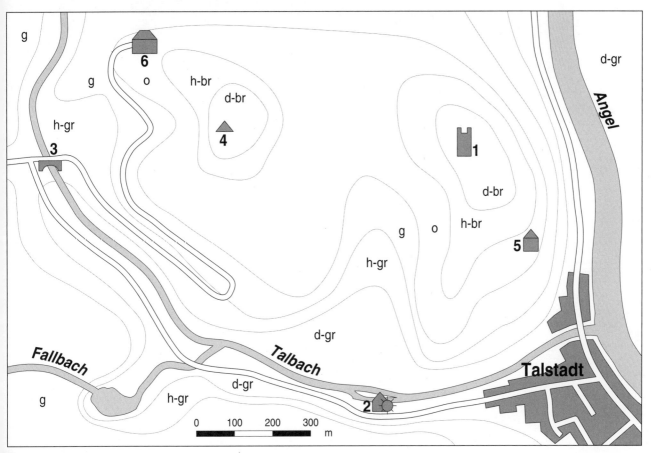

1 Male zuerst die Kästchen mit der Farbe für Höhenangaben an.

d-br	= dunkelbraun:	über 250 m		g	= gelb:	100 – 150 m
h-br	= hellbraun:	200 – 250 m		h-gr	= hellgrün:	50 – 100 m
o	= orange:	150 – 200 m		d-gr	= dunkelgrün:	20 – 50 m

2 Im Ausschnitt der Landkarte sind unterschiedliche Höhenschichten eingezeichnet. Färbe sie entsprechend der Abkürzungen ein.

3 In der Karte sind sechs verschiedene Standorte eingezeichnet. Notiere, in welcher Höhe diese Standorte liegen.

1 Ortburg: _____   2 Waldmühle: _____   3 Talbachbrücke: _____

4 Steinberg: _____   5 Rodelhaus: _____   6 Herberge: _____

4 Du willst vom Rodelhaus ⑤ zur Herberge ⑥ gehen. Denke dir einen Weg aus, der immer auf der gleichen Höhe verläuft. Zeichne deinen Weg mit einem roten Stift in die Karte ein.

5 Zeichne mit dem Lineal den direkten Weg, „die Luftlinie", von der Talbachbrücke zum Rodelhaus ein. Beschreibe mit Hilfe der Höhenschichten, wie der Weg ansteigt.

Unser Land Baden-Württemberg

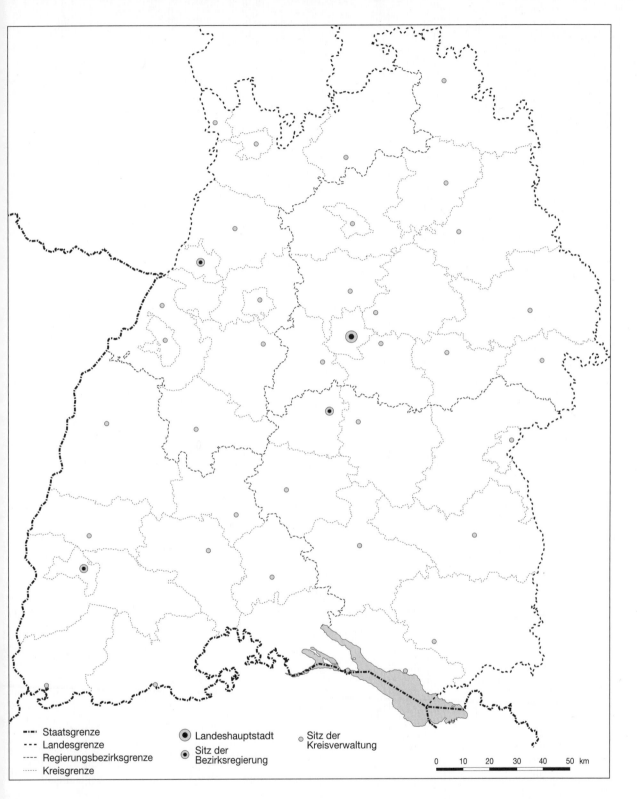

siehe Schulbuch Seite 84 und 85

--·-- Staatsgrenze
- - - Landesgrenze
- - - - Regierungsbezirksgrenze
········· Kreisgrenze

⊙ Landeshauptstadt
◉ Sitz der Bezirksregierung
○ Sitz der Kreisverwaltung

0 10 20 30 40 50 km

1 Suche deinen Landkreis oder deine kreisfreie Stadt auf der Karte. Färbe den Bereich mit einem roten Stift.

2 Trage den Namen der Kreisstadt und das Autokennzeichen ein.

3 Male mit einem gelben Stift die Landkreise an, die an deinen Landkreis bzw. deine kreisfreie Stadt grenzen.

Ein Besuch im Freilichtmuseum

Die Bilder zeigen, wie aus Flachs Stoff hergestellt wird.

1 Sieh dir die Bilder genau an. Schreibe die richtige Tätigkeit unter jedes Bild:
brechen – hecheln – riffeln – schwingen – spinnen – weben.

Nummeriere die Bilder in der richtigen Reihenfolge. Schreibe die zugehörigen
Buchstaben unten in die Kästchen. Das Lösungswort sagt dir, wie der fertige
Stoff heißt.

siehe Schulbuch Seite 100 und 101

1	2	3	4	5	6

Lösungswort:

31

Der Limes

1 Schreibe die richtigen Begriffe zu den Nummern:
**Graben – Grenzzaun – Helm – Panzer – Sandalen – Schild – Schwert –
Speer – Wachturm – Wall.**

1 _____

2 _____

3 _____

4 _____

① _____

② _____

③ _____

④ _____

⑤ _____

⑥ _____

2 Aus der Römerzeit haben wir viele Wörter aus der Sprache der Römer, dem
Latein, in unsere Sprache übernommen. Deshalb kannst du die Bedeutung
mancher lateinischen Wörter leicht erkennen. Verbinde mit Strichen die
lateinischen Wörter mit den richtigen deutschen Wörtern.

ruina •	• Tafel	fenestra •	• Krone
summa •	• Rose	corona •	• Käse
familia •	• Sack	vinum •	• Turm
leo •	• Ruine	speculum •	• Fackel
rosa •	• Löwe	turris •	• Fenster
tabula •	• Summe	caseus •	• Spiegel
saccus •	• Familie	facula •	• Wein

Die Römer

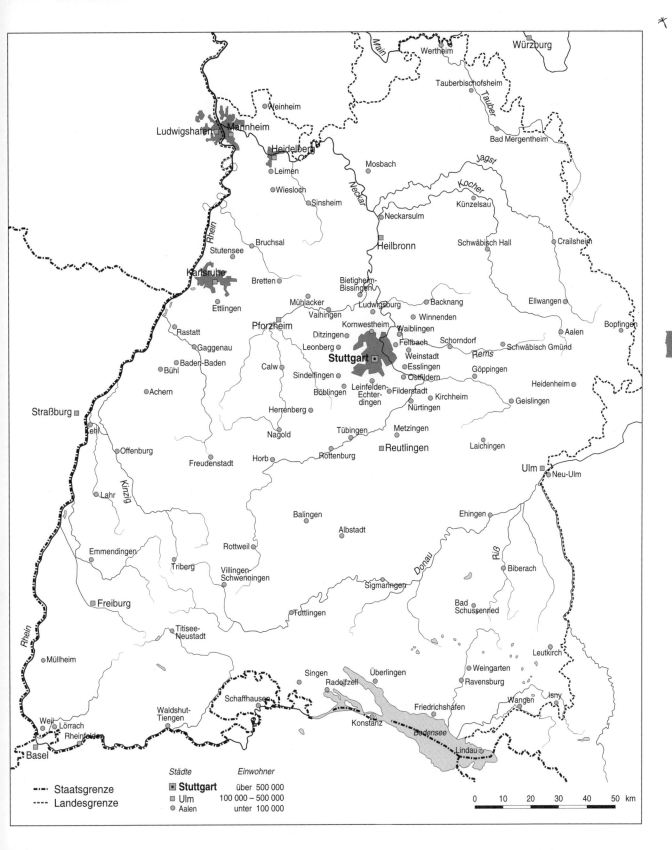

Städte | Einwohner
■ **Stuttgart** | über 500 000
□ Ulm | 100 000 – 500 000
● Aalen | unter 100 000

–·–·– Staatsgrenze
– – – Landesgrenze

0 10 20 30 40 50 km

1 Zeichne auf der Baden-Württemberg-Karte den Verlauf des Limes und deinen Wohnort ein.

2 Trage ein, wo in der Umgebung deines Wohnortes Spuren der Römer gefunden wurden. Kennzeichne diese Stellen mit eigenen Symbolen.

Ritterburgen

1 Beschrifte die einzelnen Gebäude der Burganlage mit den richtigen Namen.
Nimm dein Schulbuch zu Hilfe.

siehe Schulbuch Seite 110 und 111

ⓐ _____

ⓑ _____

ⓒ _____

ⓕ _____

ⓖ _____

ⓓ _____

ⓔ _____

2 Hier siehst du die Burganlage als Grundrisszeichnung.
Vergleiche sie mit der Abbildung oben. Schreibe in die Kreise die Buchstaben,
die den oben dargestellten Gebäuden entsprechen. Zeichne den Weg von der
Kapelle zum Haupttor ein.

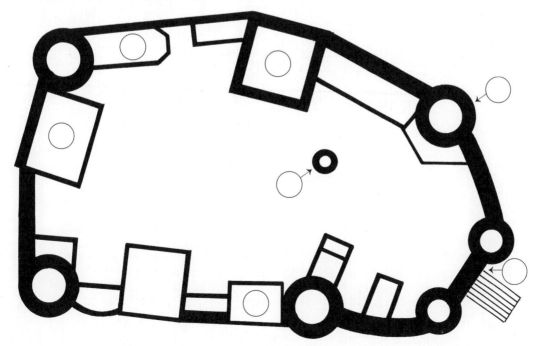

Vom Pagen zum Ritter

1 Auf den Abbildungen kannst du verfolgen, was der Sohn eines Burgherrn
lernen musste, bis er in den Kreis der Ritter aufgenommen wurde.
Schreibe mit Hilfe deines Schulbuches einen erklärenden Text zu jedem Bild.

siehe Schulbuch Seite 112 und 113

7 Jahre

12 Jahre

15 Jahre

21 Jahre

Länder in Europa

1 Schreibe die Namen der Länder und der Landeshauptstädte unter die Karten.
Male die Flaggen mit Hilfe des Schulbuches in den richtigen Farben an.

siehe Schulbuch Seite 114 und 115

① _____

_____

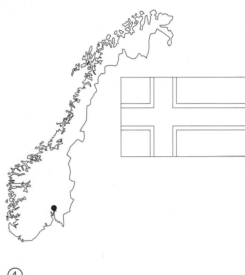

④ _____

_____

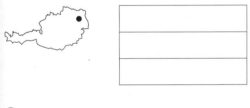

② _____

_____

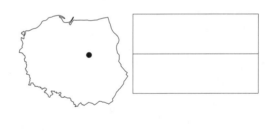

⑤ _____

_____

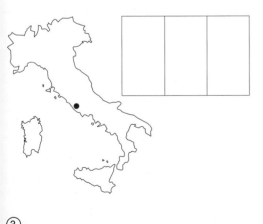

③ _____

_____

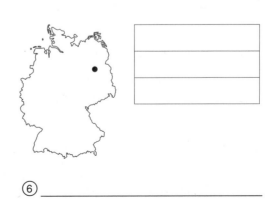

⑥ _____

_____

Unsere Nachbarn in Europa · · · · · · · · · · · · · · ·

siehe Schulbuch Seite 114 und 115

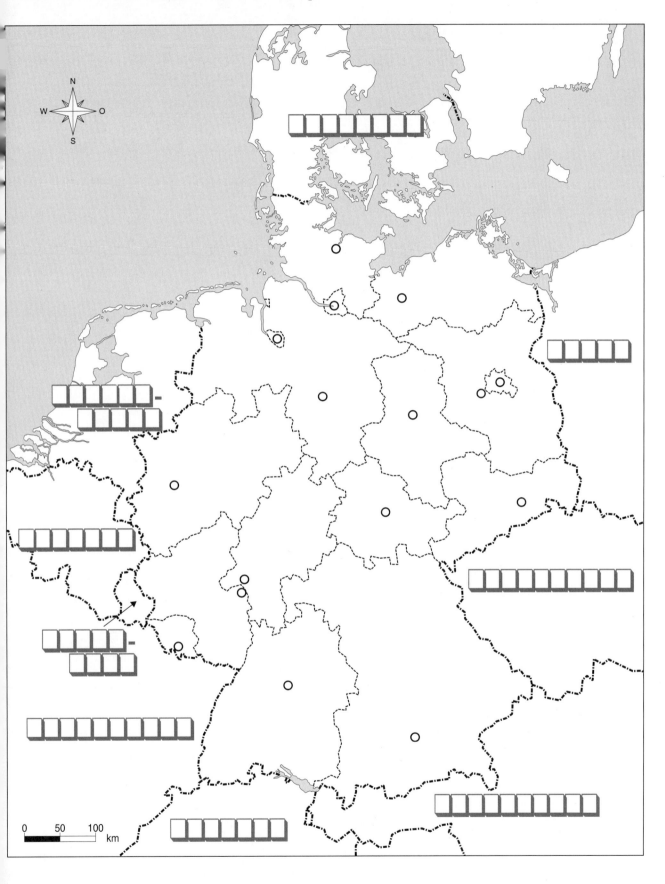

1 Male Baden-Württemberg in der Karte aus.

2 Trage die Namen der Staaten ein, die an Deutschland grenzen.